Materiales cambiantes
Calentar

Chris Oxlade

Heinemann Library
Chicago, Illinois

www.capstonepub.com
Visit our website to find out more information about Heinemann-Raintree books.

To order:
☎ Phone 800-747-4992
⌨ Visit www.capstonepub.com to browse our catalog and order online.

Edited by Charlotte Guillain and Rebecca Rissman
Designed by Ryan Frieson and Betsy Wernert
Translation into Spanish by DoubleO Publishing Services
Original illustrations © Capstone Global Library Ltd.
Illustrated by Randy Schirz (p. 8)
Illustrated by Hart McLeod (pp. 11)
Photo research by Elizabeth Alexander and Virginia Stroud-Lewis
Printed and bound in the United States of America in North Mankato, Minnesota. 092012   006924
Translation into Spanish by DoubleOPublishing Services

13 12
10 9 8 7 6 5 4 3 2 1

Library of Congress Cataloging-in-Publication Data
Oxlade, Chris.
 [Heating. Spanish]
 Calentar / Chris Oxlade.
  p. cm.—(Materiales cambiantes)
 Includes bibliographical references and index.
 ISBN 978-1-4329-4429-2 (hc)—ISBN 978-1-4329-4434-6 (pb)
 1. Heat—Juvenile literature. 2. Materials—Thermal properties—Juvenile literature. 3. Change of state (Physics)—Juvenile literature. I. Title.
 QC256.O9518 2011
 530.4'74—dc22
                                2010004614

Acknowledgments

The author and publishers are grateful to the following for permission to reproduce copyright material: : Alamy **pp. 6** (© Ilya Shadrin), **15** (© Timothy Herzel), **17** (© Adrian Sherratt/Alamy), **21** (Peter Bowater), **23** (© Richard Church), **24** (© superclic), **26** (© foodfolio); © Capstone Global Library **pp. 4, 5** (MM Studios); © Capstone Publishers **pp. 7, 28, 29** (Karon Dubke); Corbis **pp. 13** (© Jason Hosking/zefa), **27** (© Charles O'Rear); iStockphoto **p. 22** (© Leah-Anne Thompson); Photolibrary **p. 10** (Frank Wieder Photography/ Fresh Food Images); Science Photo Library **pp. 9** (Martyn F. Chillmaid), **18** (Martin Dohrn); Shutterstock **pp. 12** (© ulga), **14** (© AXL), **16** (© Luis Francisco Cordero), **19** (© CAN BALCIOGLU), **20** (© Stephen Orsillo), **25** (© Trutta55).

Cover photograph of a steaming kettle reproduced with permission of iStockphoto/© Rick Lord.

Every effort has been made to contact copyright holders of material reproduced in this book. Any omissions will be rectified in subsequent printings if notice is given to the publisher.

All the Internet addresses (URLs) given in this book were valid at the time of going to press. However, due to the dynamic nature of the Internet, some addresses may have changed, or sites may have changed or ceased to exist since publication. While the author and Publishers regret any inconvenience this may cause readers, no responsibility for any such changes can be accepted by either the author or the Publishers.

Contenido

Acerca de los materiales.................................. 4

Materiales cambiantes 6

Materiales diferentes 8

Caliente y frío 10

Calentar.. 12

Derretir o fundir 14

Puntos de fusión 16

Hervir 18

Puntos de ebullición 20

Investigar cómo calentar 22

Fuentes de calor 24

Propiedades cambiantes 26

Investigar una fuga de gas............................. 28

Glosario.. *30*

Aprende más.. *31*

Índice *32*

Las palabras que aparecen en negrita, **como éstas**, se explican en el glosario.

Acerca de los materiales

¿Cuántos tipos diferentes de materiales conoces? ¿Ves algo de madera, de plástico o de metal en esta fotografía? Todos estos son materiales que usamos para fabricar cosas.

¿Puedes nombrar los distintos materiales que aparecen en esta fotografía?

¿Cuántas de estas cosas están hechas con materiales fabricados por seres humanos?

Algunos materiales son materiales **naturales**. Los obtenemos del mundo que nos rodea. El suelo, el algodón y el caucho son materiales naturales. Los seres humanos fabrican otros materiales, como el vidrio y los metales.

Materiales cambiantes

Cuando el agua se enfría, se convierte en hielo.

Los materiales pueden cambiar de forma. A veces podemos cambiar las **propiedades** de un material. Las propiedades de un material incluyen cómo se ve y cómo se siente al tacto.

A menudo, los materiales cambian cuando los calentamos. Calentar un material hace que se vuelva más caliente.

El hielo se **derrite** porque las manos del niño lo están calentando.

Materiales diferentes

La mayoría de los materiales que vemos es material **sólido**. Pero algunos son **líquidos**, como el agua. Y algunos son **gases**, como el aire que nos rodea.

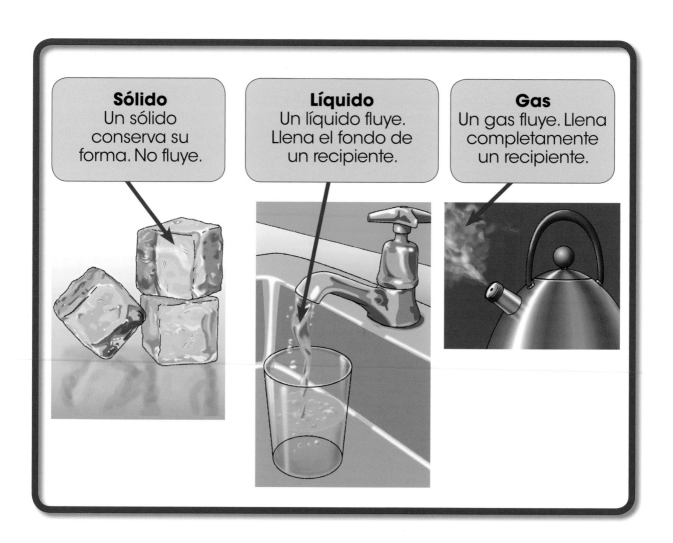

Sólido
Un sólido conserva su forma. No fluye.

Líquido
Un líquido fluye. Llena el fondo de un recipiente.

Gas
Un gas fluye. Llena completamente un recipiente.

Cuando un material sólido se calienta, puede convertirse en un líquido. Cuando un líquido se calienta, puede convertirse en un gas.

Cuando se calienta agua líquida, se convierte en burbujas de gas.

Caliente y frío

Algunas cosas del mundo que nos rodea están calientes y otras están frías. Podemos tocar las cosas para darnos cuenta si están calientes o frías. Pero las cosas calientes, como los hornos y las planchas, pueden quemarte, así que es importante que tengas cuidado.

Esta comida está caliente. Esta bebida está fría.

La **temperatura** nos indica qué tan frío o caliente está algo. La temperatura de algo frío es menor que la temperatura de algo caliente. La temperatura se mide en grados Fahrenheit (°F) o en grados Celsio (°C).

Medimos la temperatura con un **termómetro**.

Calentar

El calor entra en la olla y la calienta.

Para calentar un material, debemos añadirle calor. El calor entra en el material y hace que su **temperatura** aumente.

Hay muchas maneras de calentar las cosas.
Colocar algo cerca de un fuego hace que se
caliente. Poner algo en un horno o dejarlo a
la luz del sol también hace que se caliente.

La carne se cocina
sobre una parrilla
porque el fuego que
está debajo la calienta.

Derretir o fundir

Ciertos materiales **sólidos** se convierten en **líquidos** cuando los calentamos. El hielo es sólido. Cuando se calienta, se convierte en agua, que es un líquido.

El hielo se calienta cuando hace calor y se convierte en agua.

La cera sólida se funde cuando se calienta con la llama de una vela.

Cuando un sólido se convierte en líquido, cambia.
Este cambio se conoce como **derretir** o **fundir**.

Puntos de fusión

El hielo se convierte en agua a 32 °F (0 °C).

Un material siempre se **derrite** a la misma **temperatura**. Por ejemplo, el hielo siempre se derrite a 32 °F (0 °C). Esto se conoce como el **punto de fusión** del hielo.

Algunos materiales no se funden si no alcanzan una temperatura mucho mayor que 32 °F (0 °C). Por ejemplo, las cacerolas están hechas de metal porque el metal tiene un punto de fusión muy alto. Las cacerolas no se fundirán ni en el horno ni sobre la estufa.

Este metal está tan caliente que está al rojo vivo. Ha comenzado a fundirse y está lo suficientemente blando como para doblarlo.

Hervir

Cuando calentamos algunos **líquidos**, se convierten en **gases**. Por ejemplo, el agua se convierte en gas cuando la calientas en una cacerola. Este gas se conoce como **vapor de agua**.

Puedes ver burbujas de gas en el agua que hierve.

El gas que sale del pico de una tetera es vapor de agua.

Cuando un líquido se convierte en un gas, el material cambia. Este cambio se conoce como **ebullición**.

Puntos de ebullición

Un **líquido** siempre **hierve** a la misma **temperatura**. Por ejemplo, el agua siempre hierve a 212 °F (100 °C). Esto se denomina **punto de ebullición** del agua.

El agua siempre se convierte en **vapor de agua** a 212 °F (100 °C).

Otros líquidos deben estar mucho más calientes para llegar a hervir. Un metal debe calentarse mucho antes de hervir.

Este metal está muy caliente. Se ha convertido en metal líquido, pero aún no está lo suficientemente caliente como para comenzar a hervir.

Investigar cómo calentar

Cuando has estado al aire libre durante un frío día de invierno, puedes llegar a sentir que tus manos se congelan. ¿Cuántas maneras de volver a calentarlas se te ocurren?

Respirar sobre tus manos las calienta porque tu respiración está caliente.

Frotar tus manos es una manera de calentarlas. Esto funciona debido a la **fricción** entre tus manos. Frotar cualquier material con otro produce fricción y los calienta a ambos.

La fricción produce calor cuando te frotas las manos.

Fuentes de calor

Para hacer que algo se caliente, debemos añadirle calor. Las cosas se calientan cuando las cocinamos sobre una estufa.

El calor de la estufa hace que el agua **hierva**.

El calor de los rayos del sol calienta la arena.

El sol también calienta las cosas. Durante el día, el calor del sol calienta los materiales. Por ejemplo, en un día caluroso en la playa, la arena se siente caliente bajo tus pies porque el sol la ha calentado.

Propiedades cambiantes

Calentar un material puede cambiar las **propiedades** del material. A menudo, este cambio no puede revertirse. Por ejemplo, la mezcla de pastel cambia al ponerla en un horno caliente.

Cuando se calienta, la mezcla líquida se convierte en pastelitos **sólidos** y esponjosos.

Cuando un material se ha quemado, jamás podremos recuperarlo. Cuando echas madera al fuego, la madera se quema y se convierte en ceniza. La madera desaparece para siempre.

La madera se convierte en cenizas encima de este fuego.

Investigar una fuga de gas

Este sencillo experimento te mostrará que los **gases** se expanden para ocupar más espacio cuando se calientan.

Necesitarás:

* ❋ una botella grande de plástico, vacía
* ❋ una moneda pequeña que cubra la boca de la botella

Actividad

1) Moja la monedita con agua y colócala sobre la boca de la botella.
2) Muy suavemente, pon tus manos alrededor de la botella. Ponlas de modo que apenas toquen la botella, sin apretarla.

Qué sucede

El calor de tus manos calienta el aire que está dentro de la botella. El aire se expande y empuja la moneda, haciéndola saltar.

2

Glosario

derretir (fundir) cuando un material cambia de sólido a líquido

ebullición cuando algo hierve

fricción fuerza que intenta impedir que una superficie se deslice sobre otra

fusión cuando un material cambia de sólido a líquido

gas material que fluye y llena un espacio. El aire es un gas.

hervir cuando un material cambia de líquido a gas

líquido material que fluye y llena el fondo de un recipiente. El agua es un líquido.

natural algo que no está hecho por las personas. Se obtiene de los animales, las plantas o las rocas de la Tierra.

propiedad algo que nos indica cómo es un material; por ejemplo, cómo se ve o cómo se siente al tacto

punto de ebullición temperatura en que hierve un material

punto de fusión temperatura en que se derrite o se funde un material

sólido material que conserva su forma y no fluye. La madera es un sólido.

temperatura qué tan frío o caliente está algo

termómetro instrumento que mide qué tan frío o caliente está algo

vapor de agua forma gaseosa del agua, que se obtiene cuando el agua hierve

Aprende más

Libros

Larousse México. *Materiales y materia (40 fantásticos experimentos)*. México: Larousse México, 2005.

Llewellyn, Claire. *Exploring Materials.* Mankato, Minn.: Sea to Sea, 2009.

Manolis, Kay. *Temperature.* Minneapolis: Bellwether, 2008.

Stille, Darlene R. *La temperatura Caliente y frío.* Minneapolis: Picture Window, 2003.

Sitios web

www.crickweb.co.uk/assets/resources/flash. php?&file=materials

www.crickweb.co.uk/assets/resources/flash. php?&file=materials2d

Visita estas páginas web para hallar actividades interactivas de ciencias.

Índice

agua 6, 8, 9, 14, 18, 20, 24
alimentos 10, 13
arena 25

cacerolas 17
calentar 7, 9, 12–13, 22–23
   fuentes de calor 24–25
   derretir 14–15, 16–17
   hervir 18–21, 24
caliente y frío 10–11
cera 15

enfriar 6, 10

fricción 23
fuego 13, 27

gases 8, 9, 18, 19
   fuga de gas 28–29

hervir 18–21, 24
hielo 6, 7, 14, 16
hornos 10, 13, 17, 24, 26

líquidos 8, 9, 14, 15, 18, 19, 20, 21

madera 27
manos 7, 22–23

materiales
   cambiantes 6–7, 18, 19, 27
   materiales fabricados por los
     seres humanos 5
   materiales naturales 5
metales 5, 17, 21

propiedades 6
   cambiantes 26–27
puntos de ebullición 20
puntos de fusión 16–17

respirar 22

sol 13, 25
sólidos 8, 9, 14, 15, 26

temperatura 11, 12, 16, 17, 20
   medir la 11
termómetro 11

vapor de agua 18, 19, 20